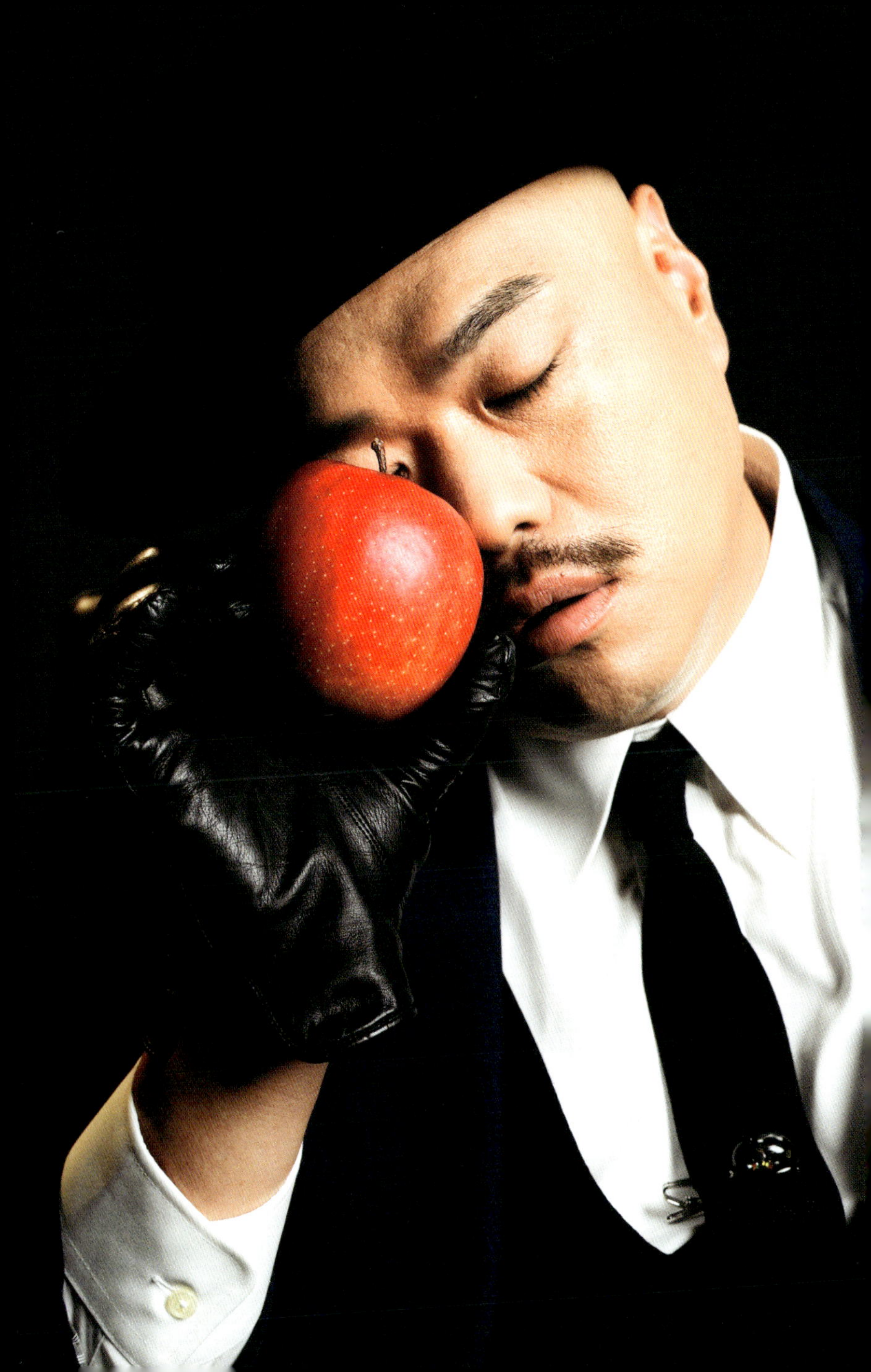

クロか、シロか。

クロちゃんの流儀

クロちゃん

PARCO出版

プロローグ

僕は、アイドルになりたかった。

24歳ぐらいのころかな、めちゃくちゃアイドルになりたくてどうしようかと考えてるときに、松竹芸能に当時アイドル部というのがあるって友達に聞いてそこに応募してみた。

オーディションに行くときは一応ちゃんとした恰好だと思ってスーツを着てビーサンを履いて行った。

そしたら、行きの途中でビーサンの鼻緒が切れちゃって、片足だけ裸足で向かうことになった。

いまと同じスキンヘッドに髭面。そこにスーツと半分ビーサン、半分裸足でオーディションを受けた。

そしたら特待生でもいいから入って欲しいみたいな感じになって、無事入所。

もちろん僕はアイドルになるつもりでオーディションを受けたし、こ

れからアイドルとしての道が拓けていくんだって胸を弾ませていた♪

レッスンに来てくれっていうことになったから、ボイトレとかお芝居の稽古とかそういうのをやることになるんだって思ってレッスン場に行った。

すると、いきなり講師の先生に怒鳴られた。

「お前、なんでネタ持ってこうへんねん！」

僕としては、「は？」と思った。

だって、アイドルのレッスンなのにネタを持ってこいってどういうこと？

ネタとかって芸人さんが作るもんでしょって思ったときに、

あ、これはだまされたなって。

アイドル部門を受けたはずなのに、なんでか分かんないけどお笑い部門に放り込まれたんだって。

お笑いなんてやるつもりはなかったから、「じゃあ辞めます」ってスタッフさんに言った。

そしたらなぜか急に「アイドルユニット組ませてやる」っていう話になった。

当時は、「プッチモニ」とか「タンポポ」とかアイドルグループから派生したユニットが流行っていたから、あんな感じでデビューさせてもらえるんだって。

それからしばらくして、大阪・道頓堀のびっくりドンキーで他のメンバーとの顔合わせをするからって。

店に着くと、もう先に他の1人のメンバーも来ていますって言われたから、緊張しながら席に向かった。

席には、金髪でめちゃくちゃロン毛の異様に図体の大きい人が座ってた。

全然喋ろうともせず、髪の毛が長すぎて男か女かも分からないし、その異様な見た目からして〝トンガ人のおばちゃん〟かなと思った。

太ってるしゴスペルとか上手に歌えそうに見えるけど、大丈夫かな。全然喋りもしないし日本語喋れなさそうだから、これからちゃんとコミュニケーション取っていける自信がないなって思った。

それがＨＩＲＯくんだった。

そんなＨＩＲＯくんと黙って座っていると、あとから小猿みたいな人がやって来た。

僕は（え？　なにこれ？　どういうこと？）って、不安でいっぱいになった。それが団長だった。

そんな不安を打ち消したくて団長に質問してみた。

「歌とか得意なんですか？」

すると、団長はびっくりした顔で「まあ、カラオケ程度には」って恥ずかしそうに言った。

あ、これはまただまされたんだなって。

全然アイドルユニットなんかじゃなくて、珍獣を集めただけのお笑いグループを組まされようとしてるなって。

だからスタッフさんに「これどういうことなんですか？　またださされたんで、やっぱり辞めます」って言って帰ろうとした。

するとスタッフさんが、僕を制してこう言った。

「せっかくこうして集まることになってんやから。絶対に１回は仕事やれよ！」

いや、だまされたと思ったから怒ってるのに、そこでスタッフさんがまさかの逆ギレしてくるからまったく意味が分からなかった。

HIROくんは他人事みたいにハンバーグをむさぼり食ってるし、団長はおどけた顔をして何が起きてるのか分からない様子だった。

結局、その日びっくりドンキーに集まった「僕、HIROくん、団長」のこの3人が「安田大サーカス」と名付けられて、今に至ることになったわけで。

こうして振り返ってみると、

なんか最初から、だまされてばっかりだなって思ったしんよ……。

なのに今僕は、どこにいっても**「嘘つき」**とか**「クズ」**って言われている。

だまされてるのは、いつも僕の方なのに……。

なんなら僕、一番正直な人間だから。
そして僕、地頭はいいですから。

誤解してる人も多いけど、
ちゃんと僕なりの信念を持って
今まで生きてきたから。

今回のこの初めてのエッセイでいい機会だから僕自身の生き方・考え方、つまり**僕の人生の「流儀」**についてきちんと説明しておきたいと思う。

僕が本当に、**「嘘つき」**なのか、**「クズ」**なのか、そうじゃないのか。
クロなのか、シロなのか。

この本を隅から隅まで読んで、その目でしっかりと確かめて欲しいしいんよ♪

目次

第四章　仕事

第五章　哲学

第一章

人生

KURO-chan talk about

LIFE

甘やかされながら生きるため、芸能界へ

KURO-chan talk about
LIFE

短大卒業後、編入した大学を1年で中退してから、将来どうしたらいいんだろうって考えていた。

そこで当時、芸能プロダクションなんかが載っている事務所名鑑を見て、お笑い志望だったら吉本さんでも良かったんだけど、アイドル志望だからお笑いの事務所じゃないなって。

アイドルだから歌のデモテープも必要だと思って『もののけ姫』を歌ったテープも用意した。

どこの事務所がいいとかも分からなかったから、10社くらい手当たり次第に送りつけた。

すると1つか2つ返事がくるんだけど、「もう少し芸を磨いてから受けてください」って書面に記してあって、「いや、別にお笑い志望じゃないんだけどなあ」って首をかしげていた。

そんなときに、『笑っていいとも!』で「年齢不詳!?しかま君クイズ」っていうコーナーがあった。シカマさんっていうのは関根勤さんの当時のマネージャーの人で、その人は25歳だけど出演者は何歳に見えるでしょうか？　っていうコーナーだった。

その頃は、大学を転々としたり辞めたりして親に結構お金をかけてもらっていたし、東京に出て芸能界に入るために説得材料がないとダメだなって考えていた。東京に行って素人参加番組でも受かれば、説得材料にもなるだろうと思って。いいともに出るために、青春18切符を買って鈍行を乗り継いで東京まで行った。浮浪者の人に段ボール敷いて寝ると暖かいよとか教えてもらってアルタ前で一晩だけ野宿もした。

翌日、朝からのオーディションを受けて、見事合格♪

お昼のいいともがはじまる前に家に電話して、「いまからいいともに出るから見ておいて」って伝えておいた。

出演時には〝謎のソプラノ男〟として紹介された。

それを見たお母さんは大号泣してたらしい……。

家に帰るとお母さんは怒ってた。

「こんなことをさせるために育てたんじゃない。」

けど、それまで厳しかったお父さんは「いや、いいんじゃないか」って僕がいないところで言ってくれてたみたいだった。

「アイツがはじめて自己主張をしたんだから、好きなようにやらせてやればいいじゃないか」

って。

お父さんは3人兄弟の長男で、もともと勉強もできて将来はコックさんになりたくてそういう勉強もしたかったけれども、家が貧乏だったから弟と妹を大学に行かせてやるために、自分の夢を諦めてスグに働きはじめたらしい。

だから、自分の息子には夢を諦めさせたくないって思ってくれてたみたいで、僕の知らないところでお父さんがお母さんを説得してくれてたようだった。

お母さんが号泣してたとか、お父さんが応援してくれていたとか、あとから妹に聞いた話だった。

まさかお父さんが僕のためにそんなふうに応援してくれてるなんて思ってもいなかったから、

超ラッキーだなって思って。

そうやって応援してもらえるってことは、仕送りももらえるワケだし。

なんとか引き延ばし引き延ばしでやってきたしんよ〜♪

親から仕送りをもらうのは親孝行

KURO-chan talk about
LIFE

広島の実家を出て、浪人時代からいままで仕送りしてもらっていた金額を計算すると、かなりの金額になるのかな。

当然、浪人時代からもらっていたし、漫画『3×3 EYES』の影響でチベット密教を勉強できると思って入った仏教系の大学でも教科書を買うからといってお金をもらい、教科書全部失くしたといってはまたもらって、そのお金でパチンコに行ったりしてた。

結局、仏教系の大学ではチベット密教は教えてくれなかったけど。

あとは、前歯が折れて10万円かかるから半分の5万だけ出してとか。

もちろん、前歯は全然折れてなんかなかったよ。

よくその話をすると、みんなはクズすぎるとか言うけど、

大学生なら、みんなやってるでしょ？

もちろん、芸人になってからも仕送りはもらっていた。

芸人なんて安定してない仕事だし、**親からの仕送りが固定給**だと思ってたから。

多いときで月に25万円もらっていたのかな。

おかげで、なんとか生き延びることができたしん♪
お母さん、ありがとうございますっ！　お母さん大好き♪　上京当時はお母さんが着てたパジャマの匂いを嗅ぐと落ち着くからって、ジップロックにお母さんのパジャマを入れて匂い嗅いでたくらい好きっ！

売れてない頃とか3人でネタ合わせてやってて、団長とHIROくんはお金もなくて食べるモノにも困ってるときも、僕の前にだけ豪華なお菓子とか積み上げて「1人パーティー」状態でネタ合わせ。

もちろん、お菓子は1つもあげなかったから。

だって、自分が食べようと思って買ったモノだし、もしおすそ分けしたらその減った分を補うためにまた親からお金もらわなくちゃいけないし、それは申し訳ないからあげませんでした。

親が一生懸命働いたお金だし、親にとって自分はカワイイ子供だから別にいいけど、団長とHIROくんは別にうちの親からしたら子供でもないし絶対にかわいくないから！　他人だし。

仕送りの話をすると、親不孝者だとか言われるけど、むしろ逆で、

親のために仕送りをしてもらっていると思ってるから！

だって、親って子供に手がかからなくなると安心してコロッと逝っちゃうとかよく言うでしょ。

だから、その逆でいつまでも手がかかる子供でいてあげた方が、親も死ぬに死ねないっていうか元気でいられると思うから。逆説的思考だしんよ。

けど、結婚した妹に子供ができてからは、「あんたよりも、孫のために使いたいから」って**3万円**だけとか、仕送りの額を減らしてきたりするようになった。

最初に減額の話を聞いたときはさすがにカチンときて、お母さんに言いました。

「あなたがお腹を痛めて産んだ子は誰ですか？僕じゃないんですか？」

だってそうでしょ？　孫がカワイイのも分かるけど、あなたが産んだのは僕でしょうって。


そんな妹の結婚式当日。家族で車に乗って式場に向かってるときに妹が嬉しいような悲しいようななんともいえない顔でこう言ってきた。

「私がお兄ちゃんにできるのはこれで最後だから」

そう言って封筒に入った50万円をくれた。

その頃はまだ芸人としても売れてない頃だったから、本当に心の底からありがとうって思った。

兄思いの妹を持って幸せだなって。

親からの仕送りプラスの結婚祝いのボーナスだなって思って、ありがたく頂きました。

そのエピソードをテレビで話したりすると、共演者が「売れてから返したんでしょ？」って聞いてくる。

返してないって言うと、どうして返さないんだって責めてくるから、

「お金くれって妹に一言も言ってない。妹が勝手に渡してくれたものだから」

そう言うと、大体みんな引いてるけど……。

めでたい時だから、お金も気持ちもありがたく頂きましたって。

最近は妹の子供も大きくなってきて、久しぶりに会うと「にぃには、クソじゃ」なんて生意気な口をきくようになっていた。

本気ですっごいムカついたから、対価を払わす意味で、お年玉はあげなかったしんっ！

「三つ子の魂百まで」っていう言葉もあるくらいだからしんねー。

努力はしたくないし、絶対にしないけど、お金は稼ぎたい

KURO-chan talk about
LIFE

勉強したくない、働きたくない、
絶対に努力はしたくないし、しないけど、お金は稼ぎたい!!
という確固たる信念があるしんよ。

だから3人でネタ合わせとかしてるときに、団長から叱られても100%の反省は絶対にしない。

団長から説教されてるときに、どのタイミングで認めたりすれば許してくれるんだろうとかずっと考えてる。

どんな方向に話を持っていけば向こうも納得して話が早く終わるかなって。

「いままでそんなふうに言ってくれる人がいませんでした。いま言われてはじめて気が付きました」

とか、そういうことをどのタイミングで切り出そうとか探ってる。

怒ってる団長は手を先に見せてるわけだから、次に僕がどういう一手を指せば王手にできるかなって。

ここはもうちょっと怒らせておいて、途中で泣く感じにしたら早く終わるんじゃないか、とかね。

まあ、こんなことを団長に言ったら、鉄拳制裁がくるから言わないしんよー♪

生徒会費は成功報酬だしん♪

KURO-chan talk about
LIFE

一応、私立の中学受験もしました。もちろん落ちたけども。

小学生で塾行かされてたときも、塾行くって言って友達から借りたゲームボーイを持って公衆便所の個室で2時間やってたりとか。

そんなことやってて授業の点数なんてよくなるわけないから。

あと、点数が悪いテストの答案は全部破って川に流してた。

名前のところはきちんといっぱいちぎって、誰か分からないようにして。

ちぎった紙の大きさがバラバラで違うから、それをボートみたいにして川に流して競争させて遊んでた。

受験に失敗して地元の普通の中学に行ったら、中学1年生で受けたテストで学年で10位ぐらいだった。


僕、地頭は良いから。


そこから油断して全然勉強をしなくなると、2年のテストで後ろから20番目ぐらいまで後退。

3年生になっても勉強しないから成績は下がる一方だし、成績が下がるからやる気も失って勉強もしたくなくなるし。

だけど、勉強はしたくないけど高校に行きたいなっていう気持ちはあるから。

そこでどうしようって考えたとき、「そうだ！　内申点を高くすればいい」ってなって。となると、生徒会長になるという答えが自然と導き出された。

生徒会長ともなると、推薦枠とかもらえるし、なんなら学校も牛耳れるって本気で思ってたから。

それで思惑通り生徒会長になれて、「やったー」ってなってたんだけど、**生徒会費**でお菓子買い放題だと思って**お菓子爆買い**したらバレて、先生にめちゃくちゃに怒られた。

だって、生徒会長になってちゃんと学校をよくしたいと思って、いろいろみんなのためになることもしてたから、

生徒会費は成功報酬だと思ってたのに〜！

校長も理事長も、なんなら対等だと思ってたから。

たまに失礼なことを言ったりしちゃう事もあったけど。

声が高いから許されてた。かわいい感じだったからかなって♪
それでも叱られると、
「ちょっと待ってくださいよー、そんなつもりじゃないから」
って言って、そこは分かったうえでやってたしんよ♪
推薦枠じゃなかったら、絶対に高校に行けなかったぐらい勉強してなかったから、
本当に生徒会長やって良かったしん♪　いい青春の思い出だしんよ♪

一度とことん自分のことを嫌いになったからこそ、成長できた

KURO-chan talk about
LIFE

僕は自分のことが大好き。とにかく大好き。

だけど、こんな僕でも、一度だけ自分のことが大嫌いになったことがある。

それは昔ある友達のことを嫌いになったときがあって。別にその友達に僕が何かされたわけじゃないんだけど、とあることがきっかけで、友達だからこそ許せない気持ちになってきたりして。連絡を取らなくなった。

けど、あとからそのことについて考えてみたとき、なんか自分って冷たい人間なんだなって思ってショックだった。

ずっと一生友だちだって思ってたヤツなのに、何もされてないのに勝手にこっちが嫌いになっただけじゃんって。

それまでずっと"自分のこと大好き人間"だったのに、自分が冷たい人間なんだって思ったときに、はじめて自分のことを嫌いになった。

自分のこと大好きな人間だからこそ、一度自分のことを嫌いになると、とことん自分のことを否定していっちゃって。

でも、そのときにはじめて自分の弱点みたいなことを省みたり、その弱点を突っ込まれると困るから、じゃあ直さなくちゃいけないなって思ったりすることができた。

一度自分のことをとことん嫌いになることで、成長材料をもらえたんだって思った。

そこで「反省材料」を背負い込むんじゃなくて「成長材料」を沢山もらえたんだって思えたのが自分の中で本当に大きかったなって。

生きていると問題とか悩みとかに直面しちゃって、その答えが出せなかったことって誰にでもあるでしょ？

でも僕の場合、その友達を嫌いになってから自分のことを嫌いになったときにいろいろ考えたことがヒントになって、後々問題が解消されることもあったから。

だから、自分のことを大好きな人間が、一度とことん自分のことを嫌いになるのは経験としてすごく大事だなって思うしんよ。

第二章

好きなこと

KURO-chan talk about

FAVORITE THINGS

アイドルを応援して、自分が成長させられたしん

KURO-chan talk about
FAVORITE THINGS

元ＡＫＢの前田敦子チャンには、本当にいろんなことを学ばせてもらったしんよ！

あっちゃんを応援していたときは、ファンとして彼女を押し上げてやろう、なんなら育てていくつもりでいた。

だけど結果として、**僕の方があっちゃんから育てられた。**


彼女が卒業を発表したとき、食べたもの3日間ずっと吐いていたくらいだから。

朝昼晩と毎食食べたものを、全部吐いちゃってたからホントに。

もうなんだか信じられなくて。もうこっちの頭がおかしくなりそうで。

でも、ブログを何回も何回も読み返して、ＡＫＢが全盛期のときに前田敦子というトップの子が辞めるってことが、次の子たちのためになるから卒業するんだってことがやっと納得できるようになっていって。

モー娘。でもそうだけど、卒業した子が1人になって、ピンになって活躍したときにはじめてグループの真価も分かるみたいな。

それに、女優になりたいっていうのも、あっちゃんは不器用だからこそ女優が合うんだって思えるようになったから。

アイドルを応援するっていうのは、苦しいことも多いし、頭も使うことだから。
吐き続けた3日間でそういう考え方に至ることができたしんよ。
それまで、人のこととか人のためにっていうのが自分の中にはなかったから。
アイドルっていう存在を通して、それを勉強したというか。

『大声ダイヤモンド』って曲で、松井珠理奈チャンがサプライズで抜擢されたときもいろんな人が文句直接言いにいったりしてたのに心を痛めていた。
そこから、小学生とか中学生とか幼い頃から知ってた珠理奈チャンがAKBで学んだことを、SKEの年上のメンバーとかにも伝えていったり、グループのために動いているのを見て、優しさってこういうことだって感動した!!　まじでっ!!

アイドルを見ていると、やっぱり自分も頑張らないといけないと素直に思えるしん。

キャバクラに通い始めたのは、携帯の電話帳のメモリーを埋めるため

KURO-chan talk about
FAVORITE THINGS

いまのクロちゃんを知ってる人からは絶対に信じられない！って言われるけど、元々はキャバクラとか風俗とか大っ嫌いだった。

はじめて付き合った彼女も水商売してて、ホントにいやだったから、お願いだから辞めてって言ってたくらいだし。

あるとき、ケータイが壊れてメモリーが全部消えちゃったときがあった。

誰かに連絡しようにもメモリーが飛んじゃってるからできないし、番号とかアドレスがないのは淋しいなって。

友達とか仕事関係の人の連絡先はまた少しずつ登録し直せばいいけど、ごっそり数が減っちゃったからその淋しさを埋めるためになんとかメモリーを埋めるにはどうしようって考えた。そこで思いついたのが、

そうだ！　キャバクラに行こう！

キャバクラに行ったら、こっちからいちいち聞かなくても向こうから連絡先教えてくれるじゃんって。

それから電話帳のメモリーを埋めるためにキャバクラ通いが始まったしんよ♪

一晩で3店舗とか行って、指名とかもせずにいろんな子を付けてくださいって言っ

て10～20人とか付けてもらってた。

そしたらどんどんメモリーは埋まっていって、そうやってキャバクラが好きになっていったというわけ。

キャバ嬢たちが、淋しい心とメモリーを埋めてくれたから。

ちなみに、キャバクラに行っても、僕はほとんどソフトドリンクしか飲まないしん。

お酒を飲まないことによって、

女の子と肌が触れ合った時の皮膚感覚を研ぎ澄ましておきたいから。

新宿や六本木あたりのキャバクラが主戦場。

六本木の方がしっかりしてる娘が多いイメージがあるから、歌舞伎町の方に行くことが多いかな。

たまには上野にも遠征をするんだしん♪

新宿や六本木のお店はカワイイギャルたちはいるし、もちろん上野にだっているんだけど、上野あたりで働いてる子たちは北関東から出てきたヤンキー臭がする娘たちの割合が多いでしょ？

新宿や六本木の娘よりもまだ都会ずれしてないっていうか、**結構ミーハーな娘が多いから、僕に有利。**

あとは吉祥寺とか国立とか都心から外れた沿線エリアのお店で働いてる子って、六本木や新宿で働いてたけど競争に負けたり疲れた子が多かったりするから。

一時期、自転車にまたがって吉祥寺のお店に通っていたときがあった。

お目当ての子がいて、その子は以前は六本木で働いていたらしいんだけど、競争に負けて疲れちゃった子で、その子を癒してあげたいっていうか、**そこにつけ込もうと思って。**

自転車を必死で漕いで汗だくにもなるから、まずお店に着いたらおしぼり5個とかもらって、Tシャツの着替えまで用意して行ってた。

遠征キャバクラは行きは目的があって行くから遠くてもしんどくないけど、帰りはホントにしんどい。

だから帰り道で、笹塚のキャバクラに寄って、そのあと六本木、品川とハシゴキャバクラして休憩しながら帰ってたしんよ。

キャバクラ行く限りは、絶対に得してやる!

KURO-chan talk about
FAVORITE THINGS

キャバクラに行ってる人は分かると思うけど、初回でも5~6千円は取られる。新しく行くお店に初回料金で入って、飲んで指名して口説いてっていうのが普通の遊び方だと思うけど、そんなのが楽しくなくなってきた時期があった。

上手くいってれば問題ないけど、全然上手くいかなかったからだと思う。

それで毎回お金も結構使うし、どうすれば安く飲めるんだろうって考えたりもした。

一度行ったことのあるお店でも、

「今日は気持ちを一心して新たな気分で来たから初回料金にしてほしい」

って言ってみたり、こんだけ来てるんだから指名料タダにしてほしいって言ってみたり。

雨が降ってる日だとお客さんも少ないだろうし、客が入らないよりは入ってる方がお店的にもいいだろうと思って、

「60分料金で120分にしてもらっていいですか?」

って無茶なことを最初に吹っかけてみる。そこから少しずつハードルを下げながら交渉してみたりとか。

後輩のワンワンニャンニャンの菊地と一緒に行ったりすると、菊地の分も払ったりするから、元取らなきゃいけないなって思って。

「ボク、実は気功の使い手なんです」

って菊地に言わせて、気功で僕を操ってるような動作をさせてキャバ嬢に抱きついたりする。

どうせ菊地はモテないから、そういうことでも使わないと。

他には、

「三点倒立できるよ♪」

って言って、実際に三点倒立してみせて、実はパンツを覗こうとしてみたり。キャバ嬢の短いドレスの三角地帯を覗き込むと、店の照明のせいかよく見えない。

いや、これは見えないんじゃなくて、もしかしたらなにもはいてないんじゃないか、あの暗いのは毛なんじゃないかって思うことにしてる。

で、そこからワザとこけた勢いで抱きついてみたり。

キャバクラに行ってお金払って口説いても上手くいかないんなら、なんとか得して飲んでやろうって思ってるしんよ♪

SNSはファンタジー

KURO-chan talk about
FAVORITE THINGS

「新宿から歩いて帰ります」ってツイートしたけどタクシー乗ったりとか、「今から運動します」ってツイートしたけど、実際にはしなかったりとかっていうのが番組で放送されてからは、嘘つきって言われるようになったしん。

嘘ツイートしやがって！　とか言われるけど、僕は別に保護観察中の身じゃないんだから、逐一なんでも報告しなくちゃいけない義務なんてないしんよー！


嘘つきと呼ばれるようになってからは、おかしなことになってきた。

「いま、歩いて●●に向かってます」とかってつぶやくと、

「嘘つけ！　どうせまたタクシー乗りやがって」

とかリプライが飛んでくる。それはまあ分かるなって。テレビの影響はすごいなって思うから。

で、今度は「仕事間に合わないからタクシー乗ってます」ってつぶやいたら、

「嘘つけ！　歩いてるだろ！」

って。

いやいや、明らかにタクシーに乗ってる写真も載せてるのに、歩いてるだろっておかしいでしょ！

「このタピオカドリンク、美味しい」ってツイートしたら「嘘つけ！　どうせ食品サンプルなんだろ」とか書かれたりするから。一体どういうことなんだろうって。

「運動しようと思って、皇居周りをジョギング中」ってツイートすると「嘘つけ！　皇居の周りをタクシーでグルグル回ってるだけだろ」って、なんで僕がそんなことしなきゃいけないのー！

基本的にリプライは全部見てるし、なかにはそういう「なに言ってんのこの人」みたいなのは笑わせてもらってるしんよ♪

ラジオのハガキ職人みたいな人が多いのかな？　リプライが大喜利状態になってたりする。

普段、街中で声をかけられて「クロちゃんのファンです」って言われたりすることがある。

ファンの子が「Twitter見てるんです」って言うんだけど、

「フォロワーがするコメント見てるのが好きです」

って言われたりすることもあるしんよ。

それって、僕がお題になってるだけじゃん!! 僕のファンっていうか、フォロワーのファンじゃん!

SNSでは普通考えられないような不思議な現象が起きたりするし、そういうワケのわからない現象は「デジタル・ファンタジー」だと思ってるしんよ♪

僕のフォロワーに
アンチはいない。
ファンか、サイコパス

KURO-chan talk about
FAVORITE THINGS

Twitterでちょっとつぶやくだけで、

「食べたものを吐いちゃったんでお金返してください」

とかいろいろな文句が飛んでくるから、アンチがめちゃくちゃ多いですねって言われたりする。

でも、イベントとかやると結構ファンの人が来てくれる。ある大阪のイベントで、やさしそうなおばちゃんが差し入れ持ってきてくれて、

「いつもTwitter書き込んでるよ」

って言うから、

「ありがとうございます。ちなみにアカウント名なんですか?」

って言うと、

「でも私けっこうきついこと書いてるからね」

って言いにくそうにしてた。

それでアカウント名を聞いたら、フォロワーの中でも三本の指に入るぐらいのゲッロゲロのドギツイ文句書いてる人だった。

「死ね」とか、普通に書いてくる感じの。

どういう感覚で来てるの! うわー!って一瞬思って怖かったけど。

その人が持ってきてくれた差し入れを見たら番組で僕が風呂場でグミ食べてるとか言ってたからグミとか、そういういじるためのものも入ってるんだけど、リップクリームも入ってて。

実はその2日前に唇をケガしてた。それでTwitterでアップした写真にも唇をケガしてたのが写ってて、それを見てリップクリーム持ってきてくれてたんだって。いや、この人アンチじゃないなって思った。むしろ、優しいファンの人なんだって。

その時から、僕が言うようになったのは、

僕のフォロワーにアンチはいないんですよ。ファンか、サイコパスなんですよって。

それ言うと今度は、フォロワーが、

「俺たちのことをサイコパスって言いやがって！」とか言ってくるんだけど、

いやいやいやいや、ファンかサイコパスって言ってるんだから、ファンでいいじゃん！

自分たちのこと、サイコパスって言ってる方がサイコパスだしんよー♪

ギャンブルで負けたら、運を貯め込んだってこと

KURO-chan talk about
FAVORITE THINGS

ギャンブルはパチンコとスロット。大学生の頃からやってるから、もうかれこれ20年以上はやってるしんよ♪（親の仕送りで）

それがいまとなっては、好きが高じて番組もやらせてもらうくらいだから。

芸人さんの間ではよく"芸人はギャンブルするな"っていうのがある。芸能界で売れようとすること自体がギャンブルみたいなものだから、プライベートでまでギャンブルをするなっていう説だしん。

けど、僕の考えはそれとはちょっと違っていて。

もちろん、パチンコやスロットをやって勝ったときは「やった！　攻略できた！」っていう感じはあるけれども、負けたときが大事っていうか。

パチンコで負けたことで、逆に運を貯め込んだんだ

って思うようにしてる。

ここで運を使ってないっていうことは、貯め込んだ運を違う局面で使えるんだって。

たとえば、仕事で運が回ってくるんだな、貯め込んだのを使えるんだなって思ってる。

だからギャンブルで負けたら
「仕事でラクできるな」って思うんだよね。

第三章
恋愛

KURO-chan talk about
LOVE

恋愛は実験だしん♪

KURO-chan talk about
LOVE

たとえば、好きな女の子がいて、別の女の子と飲んでる写真をSNSにアップ。それを見た好きな子が、やきもち焼いてくれるかなって考えて試してみたり。そういう恋愛実験をするのが好きだしんよ。

好きな子の友達や親とか周りの人間を徹底的に固めて、自分の味方にさせてみるとか。

好きな子が仲良くしている友達に対して誠心誠意接してみる。

「いつも、お世話になってます。ありがとうございます」って、プレゼントをあげたりして友達の心をつかんでから、好きな子のことを「いいと思ってるんですよね」と相談してみる。

そうしたら、その友達がクロちゃんのことを悪いようには言わないから。

「テレビと違って良い人だよ！」って、

こっちの株を勝手に上げてくれるから。

外堀内堀を埋めてから攻めるとお城は陥落しやすいって、言うしんね～♪

ずっと2次元の女の子に恋をしてる期間が長かったから、3次元の女の子に対しては「どうすれば喜んでくれるかな？」って、相手目線で恋愛の戦略を考えてる。

思いついた戦略をあれこれ試して実験して、そのデータを採取して次なる実験の参考データにするから。

でも、脳内で考えたことを実践してみても、相手の反応が全くこっちの予測を超えてきたりとか想定と違うことの方が多いから、失恋しちゃうことがあまりに多い。なんなの一体〜!!（泣）

だけど、恥ずかしい失敗も時間がたてばそれがネタとして使えたりするし、「フラれたんだよね」って周りに言ってると、今まで仲良くなるきっかけがなかった人とも仲良くなるキッカケ作りになったりするときもあるから。

「じゃあ、今度他に紹介してあげるよ」って、新しい出会いにもつながる確率高いしんから、新しい実験をするんだしん！

ファーストキスは人工呼吸♥

KURO-chan talk about
LOVE

26歳か27歳くらいのときに、生まれてはじめてのキスをした(照)。

相手の子が21、22歳くらいだったかな。

デートする前から、「観覧車の一番上のときにチューしよう!」と計画を立てていた。

目論見通り、観覧車に乗ることになって一番上が近づいてくるとドキドキしてきた♡

それまでキスしたことがないわけだから、どうすればいいか分からないし、人間に興味なく生きてきたから、知識は漫画やアニメで得た知識しかない。

漫画だとキスした後に女の子の頬が赤くなったりするのを思い出して、

そっか! 息を吹き込めばいいんだ。

って思って、観覧車が一番上になったとき女の子の口の中に息を吹き込んでみた。
案の定、女の子の顔が赤くなってたから
「リンゴみたいでカワイイね♪」
って。

そしたら女の子はめちゃくちゃ怒っちゃって、観覧車が下に着いてゴンドラから降りたらそのまま帰られました。

「えっ?!　え??　どうして怒ってるの?

吹き込む息の量を間違えた??」

って本気で思ってたから!（泣）

どれが正解か全然分からないもん!

いまとなっては、その女の子もいきなり人工呼吸されてビックリしただろうなあとは思うけど。

いつか
2次元に行ってやるって、
ずっと思ってた

KURO-chan talk about
LOVE

『セーラームーン』の水野亜美ちゃんと、『うる星やつら』のラムちゃんが僕の二大元カノ。部屋にラムちゃんの等身大のポスターを貼って、毎朝起きたら横に立って身長比べて、ポスターに「チュ♡」ってしてた。

ずっとその二人と本気で結婚したいって思ってた。

そしたら20歳の誕生日のときに、実家に帰省すると、母親に泣きながら言われました。

「頼むから、生身の女の子を好きになって!!」

たしかにずっとアニメ好きな僕しか見てこなかったし、

「いつか2次元に行ってやる!!」

って実家にいる間は本気でずっと言ってたから。親はずっと恐怖だったのかも知れない。

もう成人したんだし、お願いだから普通の恋愛をしてほしいって。

それから時間もたって27歳のときに後輩に紹介してもらった子がいて、その子と生まれてはじめてお付き合いをすることに。

はじめてデートするときにその子はかなりクオリティが高いセーラームーンのコスプレで登場したから、めちゃくちゃビックリして。

「え？ 何この子？ もしかしてこっちが2次元に行けないから向こうから来てくれた？」

もうむちゃくちゃ運命感じてしまったしん♡♪

彼女がなんでそんな恰好をしてたかっていうと、当時まんだらけで働いているコスプレ店員だったから。

けど、僕としてははじめての恋愛だったし、ホントいろいろ泣かされることが多かった。

最初のデートでセーラームーンのコスプレしてくるようなブッ飛んだ子だから。

大阪のＡＢＣで公開収録があるから、僕が席を取ってあげるって一番前の席を取ってあげた。

すると一番前の席に彼女が座ってるんだけど、その横に男も一緒に来てた。

え？　なんで男と一緒？　ってよく見ると、なんか見覚えのある男だけど誰だか分からないから必死に思い出した。

その１週間前に彼女がコンビニのサンドイッチを食べたら、それが当たって食中毒になっちゃって、クレームをコンビニに言ったときにエリアマネージャーかなんか偉い人と連絡先交換をして、その人と友達になってそいつを連れて来てた。

安田大サーカスで前座もやっていたから舞台でネタをやるんだけど、僕はもう完全に彼女がそのコンビニの男と一緒にいることで動揺してるからネタにも集中できなかった。

彼女はまんだらけの他にも、コスプレ焼肉でも働いたりしてた。

当時の僕は、キャバクラも風俗も行ったことがなかったから、彼女がそういう夜のお店で働いてるのがイヤで仕方がなくて、お願いだからコスプレ焼肉とかで働かないでほしいって。

「楽しくやってるだけなのに、なんでそんなこと言うの！」

で、彼女と大喧嘩。

けど、次の日に彼女が「コスプレ焼肉辞めてきたから」って。

そのときは、僕の気持ちが通じたんだってホントに嬉しかったしんよー!!

彼女はもう次の新しいお店も決まったって言うから、今度はどんな仕事？って聞くと、

「次は、コスプレしゃぶしゃぶで働くことにしたから」

それ肉の種類っていうか食べ方が変わっただけじゃんって!!

付き合ってるときは彼女の家に泊まることが多かったんだけど、夜中に寝てたらなんか痛くて。

電気点けたら、彼女が鞭を持って立ってた。

それで僕のことをなにも言わずにバシバシ叩いてくる。

明日朝から仕事があるし、そんな叩かれて痕が残ったら団長に怒られるって言っても止めずに鞭で叩いてくる。

さすがにアタマにきて、「なんでそんなことするんだよ！」って怒鳴った。

すると彼女は一言、

「寂しいから……」

朝早くから仕事があるって僕が寝てて、彼女だけ起きてるのが寂しいって。

それ言われたら、何も言えなくなって、「遊ぼうか」って言って遊んであげた。

基本的にやさしいですからね。僕は。


東京に住むようになってからいまの家に大阪から呼んだりしてた。

彼女の誕生日に指輪をプレゼントしてあげようと思ってベッドの上に指輪を置いてたら、その横にキャバクラとか風俗の名刺を置きっぱなしにしてたのがバレちゃって。

彼女はもちろん怒って問い詰めてくるから、

「ちがう、それは僕のじゃなくてＨＩＲＯくんのだから」

とか苦しまぎれの言い訳をしても通用しなくて、むちゃくちゃ怒ってた。

なんとかこの事態を収束しなくてはと思って、

「じゃあ、気の済むまで殴っていいよ」

って言うと、もうめっちゃくちゃボコボコに殴られて口から血がドバドバ出てきた。

鞭で叩いたことはあっても、人のことを殴ったことがなかったから、拳がプルプルと震えてるのを見て、なんかかわいそうなことしたなって。

だから別れた後も、彼女が移動手段がないって言うから、ピンク色の自転車を買ってあげました♪

最初から最後まで
ダントツで勝つ
ウサギになりたい

KURO-chan talk about
LOVE

時間があるときはアイドルのライブを観に行くことが多い。

忙しくないときは年に100本以上は見ている。

女性の好みはギャルが好きだけど、アイドルに求めてるのはそこじゃないっていうか。

歌やダンスがつたない子が上手になっていくのを見る・応援するっていう文化だから、恋愛感情とか性的な目で見るのは僕的にはちがうしんよ。

よこしまな気持ちで見てると、素直に応援できなくなるから。


何年か前に、ももクロ（ももいろクローバーZ）とかエビ中（私立恵比寿中学）が所属しているスターダストさんがやってるアイドルフェスを観に行った。

ももクロとかメジャーなグループを筆頭に、まだデビューをしてないグループや候補生たちも含む10組くらいが集まって2日間やるフェス。

そのフェスには特徴があって、観客の投票で一番票数を集めたグループが品川のステラボールっていう大きいステージでワンマンライブができる権利を獲得できるっていうルールがあった。

僕はその2日間とも観に行った。やっぱり1日目はお祭り気分というか、どのグループもいつもより華やかだけどふわふわした感じでライブをやっていた。

そんななかで、「いぎなり東北産」っていう仙台のグループが宣戦布告じゃないけど、もうすごい殺気というかやる気をみなぎらせてステージに出てきた。

他のグループには絶対負けないぞって、ガチで勝負しに来てるオーラがむちゃくちゃ出てて、カッコ良かった！

2日目になると、他のグループも、たぶん気合を入れられたのだと思うんだけど、1日目とは目の色が違っていたというか、みんな勝負してるガチな空気感を出し始めた。

だけど、1日目から全開でやっていた「いぎなり東北産」には追いつけていないなっていうのが目に見えて分かった。

本当なら東京組が強いはずなのに、地方営業所の「いぎなり東北産」の気持ちや勢いが東京組を上回っていた。

結果、ステラボールでのライブの権利を勝ち取ったのは「いぎなり東北産」だった。

だから、あとから頑張っても追いつけないなって。
「いぎなり東北産」はカメに負けなかった、最初から最後までダントツで走り抜けたウサギだって思った。

僕も恋愛というフィールドの中では、**最初から最後までダントツで勝つウサギになりたいと思ってるしん！**

ベターじゃなくて
ベストであってほしい

KURO-chan talk about
LOVE

南海キャンディーズの山ちゃんが結婚したから「奥さん経由で誰かギャル女優を紹介してほしぃー!」ってLINEを送ったらブロックされたしんよ(泣)

ああーん、同じフィールドにいると思ってたのに、山ちゃんだけ幸せになってずるいっ!

咲かせる花が無いのなら
まわりの花も散らせてしまえ
ほととぎす

LINEでブロックされたあと、渾身の一句をTwitterでつぶやいといたから。

追いつけ追い越せじゃないけど、365日、常に婚活中の僕には、昔から結婚相手5カ条があるしんよー。

①鬼ギャル
②20〜23歳
③車の運転ができる
④パソコンが使える

⑤年収800万円以上

1個ずつ解説していくから、クロちゃんと結婚したいと思ってる女の子たちは目を見開いてよく読んで頭に叩き込んでおいてね♡

まず、ギャルと結婚したい。鬼ギャルは絶対！　鬼じゃなくても「ギャル」か「ギャル女優」かな。

普通にギャルで言うと、みちょぱ、ゆきぽよ、橋本梨菜チャンかな。

なんかいつでも候補を出すときは3人挙げちゃう癖があるしんよ♪　これはアイドル文化の影響だしん♪

神推し、鬼推し、激推しみたいな感じでネ。

20〜23歳っていうのは、ちゃんと理由があるしんよ〜♪

結婚適齢期といわれるもうすぐ30歳くらいの子って、そろそろ結婚相手見つけなきゃって思ってたりしてるから、ある程度の妥協とかしたりして、まあこの人でいいかって感じがあると思う。

僕が提示した年齢くらいの子だと、結婚もまだ考えてなくて遊びたいって子が多い

し、まだ結婚しなくてもいい年齢なのにそれでもクロちゃんと結婚したいって思わせたらやっぱり勝ちだと思うから♡♪

僕という選択がベターじゃなくてベストであってほしいからね。

その方がなんか勝ち取ったって感じもするから、やっぱりその年齢くらいがいいな。
この結婚相手5カ条の話を女の子としてると、「私その条件に入ってないねー」って言われたりもするから、「君はカワイイから条件に入ってなくても考えてアゲるよ」って言うと「は？　なんで上から目線？」って返されることもあるしんよ。
私は入ってなかったーって言うから、こっちは優しくそう言ってあげたのに、感情おかしくない？って思うから。

年収に関しては800万じゃなくてもまあいいかなって。若い女の子でなかなか年収800万の子もいないって言われたりもするから。高校生で起業したギャル社長とかいるんじゃないかなって思うけど、まあ年収の条件は500万に下げます。

結婚したら養ってあげてももちろんいいんだけど、はじめからそのつもりで来られても困るなあっていうのはある。

「この人と結婚したら働かなくてもいいから、この人でいいや」は絶対にイヤ!!

「結婚しても私まだ仕事したいよ」って言ってる子を「お前、結婚するんだから仕事辞めろ」って言いたいしんよ♡

「結婚して養ってやるんだから、お前は俺の支配下に入ったんだぞって」って、カッコいいから言ってみたい。

亭主関白以上の圧倒的な王者になりたいからっ!!

「お前の金なんていらねえ、俺が養ってやるんだから仕事なんて辞めろ」

「はい、分かりました」

それって圧倒的王者でしょ？　妥協することなく覆い潰す感じがイイ。

結婚して負けたなっていうのをちゃんと思わせておかないと。

女ってヤツはすぐにチョーシに乗るから。


僕は車の免許持ってないから、結婚相手は車の運転ができる人であってほしい。

未来になって車が全部自動運転の世界になっていたら要らないかもしれないけど。

昔占い師に「アンタは車合わないからね」って言われたことがあって。

車を持ってたらたしかにモテ要素だとは思うけど、注意力もないし危ないから自分は運転しない方がいいなと思って。

パソコンも使えないから。持ってるけどアップデートもしないし、ウイルス入ってきても困るしなにかあったら大変だからって、マネージャーに預けてるくらいだからね。

だからパソコンを普通に使える子だったらオッケー♪

とにかく結婚することになったら、相手の仕事は辞めさせて、俺が食わしてあげるからって。

夫婦共働きが多いこのご時世で、僕、優しくない？

5000分の1の輝く1等星に出会うために

KURO-chan talk about
LOVE

よく人から、「それだけキャバクラに行ってると、いままでキャバ嬢と何人くらい付き合ってきたんですか？」って聞かれることがある。

素直に答えると、

3人。

これまでキャバクラ通いを10年以上してきて、横に付いたキャバ嬢の数で考えたら1万5千人以上にはなると思う。

だから確率でいうと、1／5000。5千人に1人！

ちなみにそのうちの1人は、お店がなんだか薄汚れてる場末のキャバクラの娘で、机の下からいきなりゴキブリが出てきたことがあった。

女の子たちはみんなキャーキャー言って騒いでて、騒いでるそのなかの1人の子と付き合いました。

きっと「吊り橋効果」ならぬ「ゴキブリ効果」で付き合えたと思って、生まれてはじめてゴキブリに感謝したしんよ♪

キャバ嬢のＬＩＮＥや電話番号をケータイに入れるときは、女の子の名前の次に「イケそう」とか「脈アリ」とか情報も入力するようにしてる。

そのなかでも減点方式にしてて、誘ったのに電話にでないとか、既読になってるのに返事がこないとか、「好き」って言ってるけど本当の好きじゃないなとかってマイナスなことがあると、名前の横にバツ印を付けていく。

バツが２個たまると、その子はもう駄目だレッドカードだと思ってケータイからソッコーで削除!!

キャバ嬢は見た目がカワイイ子も多いけど、嘘ついたりとか中身が腐ってるヤツも結構いるし、

頭上に輝く１等星だと思っていたのに、実はビー玉だった、ってこともあるし。

なんていう玉石混交だから、澄んだ曇りのない眼で見極めよーっと♪　キラーーン♪キラリン♪

空
2200
500

上野毛 駒沢
五反田
大橋

第四章

仕事

KURO-chan talk about

WORK

飛ばずに芸人としての死を選ぶか、飛んで栄光をつかむのか

KURO-chan talk about
WORK

あるとき、マネージャーと番組のスタッフさんが打ち合わせをしてるのを聞いてたら、スタッフさんがマネージャーにこう聞いてた。

「仕事する上で、なにかNGってありますか？」

そしたらマネージャーは、

「大丈夫です。死ぬ以外はNGないです」

って即答してたからっ！

それは、むちゃくちゃされるはずだわ！


思い返してみると、いろいろむちゃくちゃなことをやらされた気がする。

七味唐辛子を使う企画で、目に入れるとか鼻から吸うとかは、もうそれまでも他の芸人さんがいろいろやってるから、一気飲みならできるかなと思ってやってみた。

そしたら、口のなかの粘膜に七味唐辛子が全部張り付いて息ができなくなって死ぬかと思った。歯もなんでかどす黒くなって、すごい濃い鼻血も出てきたりして、そのときのディレクターさんも「死んだかも」って思ったらしい。

いや、まず助けてよって!!

その後、なぜか肩こりが治ったりして、結果的にいいデトックスになったしん♪

他には、「我叉鼻毒手相撲《わさびどくしゅずもう》」。

これは漫画『魁!!男塾』のゲームソフトのPRムービーでの企画で、男塾に出てくる毒手使いの影慶をリアルにやろうっていう。

最初は地上波でやるつもりがNGになってネットになった経緯もあるほど過激な企画だった。

相撲の土俵を作ったなかで、手に大量のわさびを塗り付けて相手の口とか鼻とか粘膜に塗り込む勝負だったんだけど、アタマおかしいでしょ!!

手だけじゃなくて腕にまでわさびを塗って準備してる時点でめちゃくちゃ痛かったし。

それが最後の方は手以外にも、お尻の穴に大量のわさびを塗り込まれたりして、まさか下のお口にわさびをねじ込まれるなんてっ!

人間はお尻の穴に大量のわさびを塗り込まれると、痛いとか身動き取れないとか悶絶するとか、それどころじゃないから……。

筆舌に尽くしがたい、っていうのはまさにこのことだと身をもって知りました。

いつも死と隣り合わせだから、仕事のときは、

「日本最後の武士」になったつもりで腹をくくって挑んでる。

一番最初に覚悟を決めたのは、テレビ番組のロケで、ニュージーランドでバンジージャンプをしたとき。

そのときが初めてのバンジー体験で、高さ134メートルのジャンプ台から飛び降りるという企画。

ジャンプ台がある渓谷の上の方に行くと、下に雲が見えた。

え？　雲を突き抜けて飛び降りていくの？　って……。

しかもその収録の2週間前、別の番組の企画で、コンクリートに寝そべってHIROくんに踏まれるっていうのをやっていて、もちろん手加減とかすると成立しないから、本気でHIROくん（当時150キロくらい）に乗られて、肋骨にヒビが入ってた。

そんな状態だからバンジーの係の人に「肋骨ヒビ入ってるけど大丈夫ですか？」って聞いたら、「大丈夫だよ」って言ってくれたけど、「そのかわり、怖がって足から飛ぶとロープが伸び切った最後のところでグルンってなるからヒビ入ってる所が骨折するよ」って。

初めてのバンジーが雲の上からだし134メートルもあるし、大雨も降ってるし、当たり前だけどむちゃくちゃ怖いし、肋骨も足もいっちゃうのかなってビビってるところにさらに追い打ちがきた。

下に仕掛けたカメラがあと5分でテープ切れちゃうから、5分以内に飛んでって。

そのとき初めて、覚悟を決めた。

やらずに芸人としての死を選ぶくらいなら飛ぼうって。

なんとか頭から飛び降りて雲を突き抜けてバンジー成功！

飛び終わって降ろされて、胸をなでおろしていたら、スタッフさんが声をかけにきた。

「バカ！　失敗だよ！　タメがないんだよ！」

ねぎらったり褒めてくれるのかと思ったら、真逆でビックリした。

ああ、あれだけ頑張ってやったのに褒めてくれないんだって、ものすごいショックで。

でもそのときから、大変な仕事のときはいつも考える。

ここで飛ばずに芸人としての死を迎えるのか、

飛んで栄光をつかむのかって。

今のところ、まだ死を選んだことはないけれど。

団長は相方であり、先生であり、そして天敵

KURO-chan talk about
WORK

昔から、団長にはなにかと文句ばかり言ってたような気がする。

そもそも無理矢理グループを組まされて、団長がネタを書いてきたりするんだけど、そんな団長に対して、

「ネタ書いてる人が偉いんですか」

「芸歴が長い人が偉いんですか」

「芸歴長ければイニシアチブ取ってもいいんですか」

「言われた通りやってスベったんですけど、どうしてくれるんですか」


って、文句ばっかり言ってた。

12時にネタ合わせするからって団長から連絡がきて待ってても時間通りに来ない。連絡もなかったりして、15分くらい過ぎたからもう帰ろうかなって思ってたら、団長から電話がかかってきた。

いま、ようやくネタ書き終わったから、13時半くらいに行けるって。

「だったら、日にちを変えた方がいいんじゃないですか。こっちにも遊びに行く予定

とか入ってるし」って。

ネタ合わせしたって、お金にはならないわけだし。

団長もある時期までは僕の意見も聞いてくれてたみたいだけど、これ以上聞いてたら駄目になる、頭がおかしくなると思ったらしくて、ある時期を越えてからは僕のことを、

ボッコボコに殴ってくるようになりました!!

いまの時代じゃ大問題の体罰だしんよ——!!

まず一番ビックリしたのは、あの小兵の団長が殴ってくるっていうのが衝撃的すぎて。あんな小さいのが大きい僕に殴りかかってくるっていうこと自体がショックが大きすぎて、そこからなんか言うことを聞くようになりました。

圧倒的な恐怖支配で。

僕は割と地頭はいい方なんで、それまでも対立した相手には正論をぶつけて論破してきて、こっちがある程度論破するとなにも言わなくなったりしてたけど、団長だけはそれを許してくれなくて、圧倒的な暴力でねじ伏せにきたから。

それまであそこまで逃がしてくれない人はいなかった。

でも、正直、こんなことは言いたくないけど、あの頃叩かれてなかったら今の僕はないかもしれないなって。

だから、僕にとって団長は、

相方であり、先生であり、そして天敵ですね。

100%人のせいにするためにベストを尽くす

KURO-chan talk about
WORK

仕事をするときは、結構台本はしっかりと読むようにしてるかな。なんでかってうと、絶対に怒られたくないから。台本を読んでなくて失敗したら怒られちゃうからね。けど、ちゃんと台本を読んであんまりウケなかったりして失敗したとしても、「僕は台本通りにやったから」っていう言い訳があるから、そこまで怒られることもないし。

作家の人がもっと上手に書いてくれたり、ディレクターがもっと配慮して教えてくれれば良かったのにって思う。

とにかく自分に非があるようにはしたくないから、失敗はすべて100％人のせいにできるようにその状況でベストを尽くしてます。

そういう意味では、言い訳できる材料っていうのは絶対に必要！じゃないと、失敗したときに自分が反省することになっちゃうからね。反省することも多少は大事かも知れないけど、できるだけ反省材料は欲しくない。

何個も反省材料があると臆病になってしまうし、臆病になると振り返ってばかりでアップデートできないから。

だから台本をしっかり読み込んだりするのは、反省をしないための準備ともいえる。台本を読んでなくて、「アイツ、サボってるな」「調子に乗ってるな、適当にやってやがるな」って思われたりしたら絶対に損するからね。

もちろん、台本をしっかり読んでも失敗することはある。他の先輩芸人さんと絡んだりして、決め事とかやろうとしたことが上手くできなかったりするときもあるからね。自分であんまりできなかったなって思うときは、怒られたくないしあんまり他の人に近づかないようにして防御！

芸人さんって、普段はメチャクチャでも、その場に来たらパッと面白いことして当たり前なのかも知れないけど、そもそも僕はお笑い芸人を目指してたわけじゃないし、アイドルになりたかった人間だから。

だからロケなんかでは、お願いだから長回しにしてほしいって言うようにしてる。

長回ししてもらってハプニング待ち。

そしたらいつかハプニングが起きるから。結構そういう姿勢でやってるかな。

だからハプニングが起きても柔軟に対応できるように、緊張しないようには心がけてる。

ここでなんとかしようとすると、やっぱりグッと力も入って緊張もしちゃうし、そうすると自分の力が出ないと思うから。

長回しでハプニング待ちって思ってる方が自分の気持ちにも負担が少ないし、心に余裕がある分だけ失敗もしない。

スキルを上げることよりも、心の余裕を持てるようにというか、自分の力が出ないような状況は作らないように心がけてる。

でももちろん、ハプニングもなにも降りてこないこともいっぱいあるしんよ～。

手応えがなかった番組のオンエアチェックは半年後

KURO-chan talk about
WORK

安田大サーカスとして、ネタ合わせはずっとしていて、M-1グランプリには毎年きちんと出場していた。

そのときも、ちゃんとやらないと団長にむちゃくちゃ怒られるから死ぬ気でやってた。もちろん毎年年末のM-1のオンエアも見てないと怒られるから一応見てはいたけど、誰のどのネタとか全然覚えてなかった。

途中から団長も怒ってこなくなったから、もういいかなって思ってそれからは全然見てない。


それでもネタ番組は、いくつか一応は見てるっていうかつけてる感じはある。

スマホのゲームやりながら片手間っていうかBGM的な感じでつけてる。

だからやってるネタとかは全然覚えてないかな。そもそもネタとか見ても分かんないからね。


あと『水曜日のダウンタウン』は、いつの間にか自分が出てる可能性があるから見るようにはしてる。

だって、本当に知らないうちに自分が出てるとかホントに衝撃すぎるからっ!!

オンエア見て「あれって、ロケだったんだ!」って思うくらい。

基本的に自分が出た番組の録画は全部してるけど、自分的に手応えがなかったやつは見てない。

見たとしてもオンエアからほとぼりが冷めた半年後とかに見たりするようにしてる。

それだけ時間もたってたら、ひどいと思っても「半年前のことだから、別にいま反省しなくていっか」って思えるし、ショックをやわらげてる感じかな。

あんまり上手くできなかったなっていうのは、傷つきたくないから時間が経ってから見るようにしてる。

ただでさえ、Twitterとかで世の中に傷つけられてるし、これ以上傷つきたくないしんよ~(泣)

お世話になった団長から自立するため、給料三等分をやめた

KURO-chan talk about
WORK

一番最初トリオを組んだとき、団長が僕とHIROくんにこう言った。

「こうしてみんなで安田大サーカスを組んで、俺がリーダーなわけや。せやからリーダーの俺が1人でも当てていく仕事をしてお前らを食わしたる。リポーターとかロケでもなんでもやって稼いだお金をみんなで分けよう。給料は三等分や」

僕とHIROくんは、お願いしますって団長に頭を下げた。

最初のうちHIROくんが相撲キャラで海外のCMの話が来たり、僕に声のCMの仕事とか入ったりして、僕とHIROくんで稼いで引っぱってる時期もあったけど、ちょうど団長が結婚するくらいのときは、団長の方が自転車芸人で仕事が増えていて、僕とHIROくんが団長の稼いだギャラをもらってる感じになっていた。

そのとき、初めてそれがすごい嫌だなって思った。

自分はなんも仕事してないのに団長が稼いだお金をみんなで同じだけ分け合っている。

しかもこれから団長は家庭を持つことになるし、僕とHIROくんも入れたら団長は一体何人養うことになるんだって思って。

それでHIROくんと話し合ってHIROくんも納得してくれて、団長に三等分は止めようって言った。

なんかそんな風に人に感謝したりとかしたことなかったし、三等分を止めて自分が食えなくなったらそれはもう自分の責任かなって素直に思ったというか。
はじめて自分で素直にそういう決断ができたから、自分でもビックリした。
正直最初の頃は、団長に寄生して生きられる、ラクして生きていけるなあって思ってたのにって。

っていう話はいろんなところでしてるんだけど、実はこの話にはおまけがある。
三等分を止めようって覚悟して、マネージャーに三等分止めようって話をしたタイミングで「実はクロちゃんにピンで大きなＣＭの話が来てます」って言われた。

あ、これは団長のために三等分を止めようって思った覚悟へのご褒美なんだなって。

タイミング的にもこれは退職金代わりなんだなって思ったから。

念のために強調するけど、覚悟を決めた後にピンのＣＭの話が来たしんよ♪

それからは、CMのギャラってどれくらい入るんだろうって考えたりしてソワソワしたりワクワクしたりしてたんだけど、そのCMの会社の上の方が、「なんじゃコイツわ」ってなったらしく、結局そのCMの話が飛んじゃったしんよー!!!!(泣）あーん、なんなのぉー（泣）

まあ、でも僕は、

仕送りがあるから食えなくなることはなかったしんよ♪

1個言ってダメだったら
2個3個言う。
それがホームランに
ならなくても、
ポテンヒットでもいいから

KURO-chan talk about
WORK

安田大サーカスでバラエティ番組に出演し始めた当初は、僕のトークが上手に続かないっていうのがあってすごく悩んでた。

なんか自分だけ仕事してない感じがしちゃうし、それでもテレビにでは出てたりして、そのチグハグ感というかジレンマに心と体がいっぱいいっぱいになってた。

その当時は仕事が終わって家に帰ると、毎日彼女の前でずっと泣いたりしてた。

そんな時期に、紳助師匠（島田紳助氏）の番組に出させて頂いたのがきっかけで、紳助師匠の草野球チームに安田大サーカスを誘ってもらったことがあった。

試合の後、打ち上げがあって紳助師匠とお話しさせてもらう機会があった。

「俺はな、普通に番組でお前らみたいなのがいてもなんともない。全然怖いことないねん。せやけどな、死ぬ気でかかってきてるヤツがおったらこれは違う。こっちも『おっ』って思う」

その紳助師匠の言葉を聞いて、あんなすごい人が言うくらいだから言う通り死ぬ気でやってみようって思った。

それまでは、1回言ってウケなかったらシュンってなってたけど、それじゃダメなんだって。

1個言ってダメだったら2個3個言おうって。ウケるまで言おう。それがホームランにならなくても、ポテンヒットでもいいからって。

絶対に努力はしないと決めてるけど、紳助師匠の言う通りやってみよう。死ぬ気でかかっていって、「おっ」って思われるようにしてやろうって。

それからは、死ぬ気で何個も言うようになって、いまの形になった。

だからあのときの紳助師匠の一言で変われたと思うし、自分のなかのすごいターニングポイントだったなって思う。

打ち上げのとき、紳助師匠はもう1つ言葉をくれた。

「一緒にがんばろうな」

もう先輩どころじゃないというか、もっともっと上にいるような人が僕のところまで降りてきて、目線を合わせてそんな言葉を言ってくれたのがものすごく大きかった。すっごくうれしかった。

僕は「反復の人」。いわば、アスリート

KURO-chan talk about
WORK

ロケでボルダリングをはじめてやってから、ハマってプライベートでも習いに行ってるしんよ。

インストラクターの先生にも、

「いい壁の向き合い方をしてる」

って言われるし、めちゃくちゃ楽しい♪

ボルダリングって、一見すると手で登ってるって思いがちだけど、実際は手だけじゃなくて足も使うし体幹も使って上手に体重移動しながら体全体で登らないといけないもので、手だけで登ろうとすると、すぐにしんどくなっちゃう。

インストラクターの先生が、

「クロちゃんは初級はクリアできたから次のクラスに行ってみよう」

「次はこういう登り方をしてみよう」

っていろいろアドバイスをくれるんだけど、実は聞いたふりをして無視してる。

新しいところとか別に登りたくないし、自分ができるやつをもう1回やりたいから。

僕は腕力だけで登ろうとするからインストラクターの先生によく叱られたりもする

けど、先生の目を盗んでは「力でねじ伏せてやる！　力こそ正義だ」って、腕力のみで自分の好きなコースしかいかないしんよ～♪

そして同じコースをクリアして、達成感を得る。

もちろん、新しいいろんなのを登って達成感を得る人は多いと思うけど、僕は同じところがいいなって思う。っていうか、

同じところで同じ感動を得られるってのがすごくないですか？

だから僕は、基本的に「反復の人」なんだと思う。芸人の仕事でもそう。

よく同じギャグやってると芸人さん自身が飽きるって。そんで自分が飽きてきた頃にそのギャグが流行るっていうのはよく聞く話だけど、僕の場合だと基本的に飽きることがないから。同じギャグでも同じ達成感を得ている。

それに反復しているからこそ、いいこともある。

たとえば、人から「シロちゃん」って言われたら「あーん、色違い！　真逆！」とか

「赤ちゃん」「あーん、親から見たらいつまでも子供！　バーブー」
「黒船ちゃん」「あーん、日本にそんな脅威与えてない！」
「キョロちゃん」「あーん、金なら1枚、銀なら5枚！」
みたいに急にフラレてもすぐに返せるっていうのは、やっぱり反復の賜物だしんよ。

あとは仕事現場で、丁寧に「クロちゃんさん」って呼ばれたりするから、
「あーん、アグネス・チャンさんみたいに言わないで」「クロちゃんって呼んで」
って返すやつ。

別にそこでいちいち面倒くさがってスルーしてもいいんだけど、

1個サボると2個3個さがってしまう感じがするから。

「シロちゃん」とか名前間違いのフリをされたときも一緒で、スルーしちゃうと、1個マイナスじゃなくて3個以上かもしくはそれ以上に感度が下がると思ってるから。

普段、ネタをつくったり、何をやるかアイデアとか考えるタイプじゃないから、生活の中ではサボることはしないようにしてるしんよ♪

それは別に努力でもないいし、むしろやらないと気持ちが悪い感じがするから。

自分の中で気持ちが悪いなとか、なんか残尿感じゃないけどそういうのは失くしたいし、そのためにはやらないといけないことなんだって思ってる。

これ僕、アスリートと一緒じゃないですか？

第五章
哲学

KURO-chan talk about
PHILOSOPHY

ベクトルを変える、それが大事

KURO-chan talk about
PHILOSOPHY

Twitterで「おはおはムキムキ、フサフサドッサーーン♪」「おはおはユラユラ、リボボンボーーーン♪」「おはおはピッカリ、キラリンピッカーーン♪」なんて可愛らしい朝の挨拶を一言つぶやくだけで、
朝の6時とか7時の早い時間でもあっという間に、100~200のリプライが跳ね返ってくる。

「気色悪い、死ね」「目覚めるなバケモノ」「永眠せよ」

とかリプライという名の罵詈雑言の嵐……。

友達からは「あれだけの罵詈雑言によく耐えられるね……」って同情されたりもするくらい。

嫌なことを言われたら、正面からではなく、角度を変えて受け止めればいい。

だって正面から受け止めると、正面衝突になって大事故になるから。

それは、絶対に損だから。

炎上したとしても、ベクトルを変えて受け止め方を変えてみればいいだけ♪

「こんなアドバイスもあるのか。気づけてよかった」

そんな風に受け止める角度を変えることで感謝することだってできる。

だって毎日数百もの罵詈雑言を全部まともに受け止めていたら、絶対に頭がおかしくなるからっ!!


物事はなんでもベクトルを変えることができる。

人からハゲてますねっ、て言われても、

「進化の過程で捨てたんです」

くらいに思ってる。

声も男にしては高いから、気持ち悪いとかいくらでも言われるけど、高いおかげでキーが高いアニソンも歌えるし、歌手になったら今までにない感じ（強面だけど可愛い声♪）だからもしかしたら世界に通用する歌手になれるんじゃないかと思ってる。


たとえば、仕事で上司に怒られてしんどくなったりするときは、

「自分はもっとデキるはずだから、成長するように育ててくれてるんだな」

って考えてみたり、逆に、

「コイツはこんなことで怒って人間力低いクソだな。もっと上の人に好かれよう」

って、ズラして考えればいい。

ネガティブになりやすい人とかは、その変換ができないだけだと思うから、ひっくり返しちゃったり、斜め上からとか下からとか角度をつけることを癖づければいいんだしん♪

子供の頃から受け止める角度を変えるのはうまかったと思うよ。

お母さんの「50万円貯まる貯金箱」からこっそり500円玉だけを抜きとってたから。

抜きとった500円玉のかわりに1円玉や5円玉に替えておく。1円玉や5円玉を大量に入れておけば重さでバレないでしょ。もしバレそうになったら、

「盗ったのは僕じゃない！　妹っ！」

ってなすりつけてた。

バレて怒られるときも心の中で「盗んだんじゃない。取り替えたんだ」ってマントラを唱えて角度を変えると、100ある罪悪感が30くらいにはなってたから。

ベクトルを変える、それが一番大事だしん♪

競争心とかしんどいだけ。一番は目指さない

KURO-chan talk about
PHILOSOPHY

芸人さんとか「天下を取ってやろう！」みたいな人がやっぱり多いし、競争心とかむちゃくちゃある人が多い。

だけど、僕はしんどいことが好きじゃないから、競争心とかもしんどいだけ！

だから、**一番は目指さなくていいと思ってる。**

3番手くらいが丁度いいのかなって。3番手くらいだったら責任も背負わなくていいし、効率よく得することもできるからね。

競争は避けて、順番のつかないものを自分の強みにすることが得する方法だと思ってる。

ちなみに僕の強みは「優しさ」だから♡

優しさにはスポーツみたいに誰かと比べて順位をつけたりできないし、負けて挫折することもない。

自分が「もっと優しくなろう」って努力するだけでいいから。

クロちゃんは女の子にはすごく優しいし、尽くすタイプだしんよ～♪

だって優しくされてイヤな子はいないし、そうした方が見返りも多いからね。

あまりにも僕が優しすぎるから、付き合いはじめると「クロちゃんなしじゃいられない♡」って言う子もいるくらいだからね。

自分が本当に好きな人としか遊ばない

KURO-chan talk about
PHILOSOPHY

よく他の芸人さんとがよくやる〝みんなでワイワイ遊びに行ったり飲みに行ったりする〟っていうのが好きじゃない。

少数精鋭で遊ぶのが好きっ！

ここ最近だと、よくTwitterにも登場して白目剥いてるワンワンニャンニャンの菊地とか、サンミュージックの同い年のマネージャーさんのOさんとか。

自分が好きな人となるべく一緒にいたいと思うし、時間を共有したいなって思う。

自分があんまり好きじゃない人とはあんまり一緒にいたくないし、時間も共有したくない。仕事だから、付き合いだから仕方なくってよく言うけど、そんな感じでいても楽しくないだけだしん。

仲の良い友達とかにはよく言うことだけど、「いま仲良いのは当たり前だから」って。

5年後とか10年後になって、もしかするとこの仕事をしてなかったり、地位とか名誉とかなにもなくなっても（まあ、地位もないし不名誉なことばかりだけど）ずっと友達でいようねって言う。

やっぱり、メリットがないとダメ。

メリットって言葉的にはあんまり良い意味で使わないこともあるけど、僕の中のメリットっていうのは、お金をくれるなり仕事くれるなりってのももちろんあるけど、

一緒にいて楽しい、一緒にいると笑顔になれるからとかそういうのもメリットだって

思ってるから♪

そういうメリットがある人とは仲良くなれる。

逆に楽しくない人とは絶対一緒にいたくない！

僕は結構八方美人なタイプだから、そのときは愛想良くして「ワーっ」て楽しそうにやったりもするけど、また遊びましょうねって言って、絶対に遊ばないしん！

おかしくなる前に考えるのをやめる

KURO-chan talk about
PHILOSOPHY

〝鋼のメンタルを持つ男〟とか言われたりするけど、僕だってネガティブなことにとらわれることはもちろんあるからっ！

ストレスがかかるようなことが続いたりすると、あれこれ思い悩んだりもするし、落ち込んで頭抱えたり、家に帰って泣いちゃったり……。

だから、そんなときは、

「もうこれ以上考えたらヤバい！オーバーヒートして体に悪い！」と思ったら、考えることを止めるようにしてる。

悩み事を丸ごとスルーしちゃう！

周りからの雑音も耳をふさいで、すべてシャットアウト！

1回全部忘れちゃう！　その方が効率がいいし、なによりそれ以上悩まずに済むからしんどくならない。

そういう術を学んだから、いろんなことを受け流すのはだいぶ上手になったし、悩み事は減ったと思うから。

悩んでウジウジしてるよりも、楽しいことを考えている方が絶対に人生楽しいしんよ――♪

ウソじゃなくて「肉付け」だしん♪

KURO-chan talk about
PHILOSOPHY

人からよく言われるのは、ドッキリ芸人とか炎上芸人、目隠し芸人なんて呼ばれたりするうちに、ここ最近では「ウソつき」って呼ばれたりするけど、

それだと、もう芸人でもなんでもなくなってるしんよー!!

そもそも、別にウソをついてるわけじゃなくて、肉付けしたりアレンジしてると思ってる。芸人だから1を10にすることはある。

Twitterでも全部書くと多くなって140文字で書けないから、端折ってるだけ。

だから、人からウソつきって言われても、「なに言ってんだろう?」って感じ。

たとえば好きな女の子が、親を特に大事にしてる子だとしたら、「僕も親のこと好きなんだよね」って言う。

これって嘘ではないし、真実に+アルファ乗せていくって感じかな。

「ちょっと前にも両親を温泉旅行連れてってあげたんだよね」って話をするとか。実際、両親を温泉に連れてったことはないんだけど、行こうと企画をしたことはあるから100%嘘ではないでしょ?

それに、いいウソはついてもいいと思う。ウソも方便っていうくらいだから。

絶対に自分に不利な状況を作らない

KURO-chan talk about
PHILOSOPHY

小さい頃、割とみんなのためになるようなことをやるのが好きな子供だった。駅前の倒れてる自転車を全部起こしたりとか、ゴミが落ちてたら拾ったりとかもやったしんよ♪

学校の行き帰り、地域の人がいたらおはようございますとかってちゃんと挨拶したりとか、そういうのはしっかりとやっていた。

きちんとしたことが好きだからっていうのもあるけど、

どうすれば自分がよく見えるのかっていうのを分かってたから。

それに普段からそういうことやって、良い子だって思わせておけば、何かあったときに有利に事を進められるでしょ♪

小学校のときも学級委員やってたのも、先生に自分が嫌いなヤツのことをチクりやすいから。

絶対に自分に不利な状況を作らないようにしてるしんよ♪

いまはトリオだから、意見が割れると必然的に2対1の状況になる。**そういうときは絶対1人の方にはならないようにしてる。**

HIROくんの悪口を言う時は、団長にあいつあんなこと言ってましたよって。団長がイラッとするときは、HIROくんに団長あんなこと言ってておかしいよねって。

世の中は民主主義だし、やっぱり多数決で勝たないといけないから、上手く立ち回らないとね♪

いつでも吠えたいときに吠えられる自由を欲している

KURO-chan talk about
PHILOSOPHY

パチンコ屋は行くけど、麻雀はやらない。

麻雀って人数揃えて集まってやらないといけないのもいちいち面倒だし、予定を立てなくちゃいけないのもすごくイヤ。

やっててもそろそろ電車もなくなるから終わりかなって思ってたら、負けてる人が「泣きのもう一回」とかみたいな感じでズルズルいっちゃうのがイヤだなって。その点、パチンコは自分のペースでできるし、開店時間も閉店時間も決まってるからそのなかで自分のペースでやれるのがイイ。

それでいうと、キャバクラは好きだけどコンパはあんまり好きじゃない。

キャバクラは閉店時間があるけど、コンパだと下手すると2次会3次会とか延々と続きがちだから。


いかなるときでも自分のペースを崩されたくない人なんだと思う。いつでも自由でいたいっていうか。


だから麻雀も、コンパも嫌なんだと思う。

昔、いまと同じ2DKの部屋で同棲してたことがある。僕は自分の部屋にいて隣の

部屋に彼女が寝てたんだけど、

夜中の3時とかに急に吠えたくなって でも彼女がいるから吠えられないじゃないかっ!!

ってなんだかよく分からないジレンマが起きたときがあって。

なんか監視されてるっていうか、同棲することで束縛されて自由に好きなことができないその感じがすごくイヤで仕方がなかった。

溢れんばかりの衝動がこみ上げてきて「わっ――――!!!!!!」って吠えたいのに、お前がいるせいで吠えれないじゃんかって。ここの家賃払ってるのは僕なんだし、お前のこと住まわせてやってるのになんで我慢しなきゃいけないんだって。

そんなこと言ってると結婚なんてできないよ、ってよく言われるけど、当時はまだ若かったからね。自由でいたい気持ちが強かったんだと思う。

いまはもう大人にもなったし、大丈夫だと思うしんよ~♪

自分が幸せなら周りも幸せ

KURO-chan talk about
PHILOSOPHY

団長からは、「小学生がそのまま大きくなったような人」とよく言われる。

公園とかに珍しい遊具があるとテンション上がって写真撮ったり、珍しい花を見つけても写真撮ったり。

後輩のワンワンニャンニャンの菊地と一緒に、たわいもないことをするのが楽しかったりする。

良くも悪くも素直な性格とも言われる。


人間が誰しも奥底に持っているものを、抑えずに素直に出しまくってるって。

自己中だって言われたりもするけど、自己中って別に悪い意味にとらえてないから。他人はどうあれ自分がやりたいことを優先♡

自分が幸せなら周りも幸せなはずだしんよ♪

人から怒られたり、友達に裏切られたり、失恋したり、人生はつらいことや傷つくイベントの方が多くてしんどいことが大半。

だからこそ、ちょっとした事が幸せに思えるような気がして。

小さい幸せ今日もみーつけた♡♪

煩悩がないと動かないっ!!

KURO-chan talk about
PHILOSOPHY

番組のお仕事で社交ダンス1級を取ったり、アロマの資格を取ったり、ピアノ習ったり、カポエイラを習ったり。いろいろやったな〜って。

最近はボルダリングにはまったりしてるしんよ♪


子供のときは親に塾とかサッカー少年団とかエレクトーンやらされたりとかしてたけど、やっぱり続かなかった。だって興味がないから。

だけど、大人になって自分で自発的にやることやると楽しい!!

なにかを始めるときって、煩悩がないと体が動かない。

エステに行ったとき施術中にアロマを炊いてて、それがすごくいい香りで深い眠りにつけたときがあって、すごい集中力も高まるし、そこからアロマの勉強を始めたしんよ。

って人にはよく言ってるけど、イランイランの香りには媚薬の効果があるって知ってから、本格的に一生懸命勉強し始めた。

海外のホテルなんかでハネムーンの部屋なんかにはイランイランのお花が置いてあることが多いみたい。

女の子はフレグランスとか喜ぶし、連絡先聞くときなんかも、

「好みの匂いのアロマ作れるから、LINE教えて」

って聞きやすいし。

部屋に女の子が遊びにきたときもマストで使うようにしてる。

部屋中に香りを出したいときは、アロマをティッシュにしみ込ませて、エアコンの送風口に付けておくと、すぐに部屋に匂いが広がるからオススメだしんよ〜♪

大体は、女の子よりも先に僕の方がその気になって、気持ち悪がられてるけど。


バスボムとかも自分で調合して作れるようになったから、女の子にもプレゼントしやすいし。

ちょっと前に、絶対に付き合いたいって思ってた女の子に自家製のバスボムを作ってプレゼントしてあげたことがある。

サプライズとか大好きだから、バスボムの中にこっそり10万円以上もする指輪を入れてプレゼントした。女の子がお風呂にバスボムを入れてシュワシュワ〜って全部溶けると、なんと中から指輪が出てきてビックリ！　クロちゃんやばい！　素敵！

そうなることを想像してニヤニヤが止まらなかった。

けど、1週間くらい連絡もこなかったから、その子に「バスボム使った？」って聞いたら、「うん、使ったよ。すごくよかった」って。

「え？　そんだけ？」って思って、こいつ分かってるのにごまかしてるって。

「中からなんか出てこなかった？」って聞いても、なにもなかったって言う。

そんなはずないじゃん！　中に指輪入れたんだし！

だけど、本当に何もなかったって。

もしかしたら、気づかないでそのまま排水口に流れていったかもしれないし、ホントは指輪もあったけど、知らないふりして売りさばいてるかもしれないし。

どうであれ、「高い指輪をプレゼントしたことは事実なんだから、僕と付き合ってください！」って言ったらフラレちゃいました。


カポエイラを始めたのも、美意識高い系の女子インストラクターと仲良くなれるかなと思ったからだけど、始めてみると面白かったから帯を取りたいなと思って週に5日ペースで通うようになったから。結局、女子インストラクターとは知り合えなかったけど……。

ピアノを頑張れたのも、番組で美人姉妹の先生が教えてくれることになって、

どっちかいったろ

って思ってたから。すると覚えるスピードが速くなったから煩悩は本当に大切！
結果、なんとか10日間で『戦場のメリークリスマス』が弾けるようになったから。

番組で社交ダンスを習い始めて1級を取ることもできた。
でもこれは煩悩きっかけじゃなくてお仕事だから。
大会で優勝を目指して練習に励む日々のなか、パートナーの大沢あかねチャンから
ひとつ注意をされた。
僕のキャバクラ好きを知っていたから、「期間中はキャバクラに行かないで」って。
夜遊びをしないで大会が終わるまでは真面目に頑張ってって言われた。
本気なんだなこの人はって思って、期間中はキャバクラに行かないって約束をした

しんよ。そのかわり「夜練」として、

家にデリバリーを呼んでました。

キャバクラには行ってないんだから約束は守ってるでしょ。

それにデリバリーで、ガチで社交ダンスの8の字の腰使いの練習してましたからね～♪

まだ泣けた。ありがとう

KURO-chan talk about
PHILOSOPHY

実は昔、自分のなかの大事なモノを失くしちゃったんじゃないかなって思ってる頃があった。
この世界って先輩の言うことが絶対だったりするから。
それこそ、黒のことを白って言わなきゃいけないとか、コンパやどんな場所であってもヨイショしなくちゃいけないとか。なんかそういうのにすごく困惑してた時期があった。

もともと僕なんか広島の田舎の子だし、純粋だったんですよ。

だから、芸能界に入るときに「純粋な気持ちだけは失くしたくない」って思ってたりもしたから。
だけど、そうやって芸能界で生きていって、仕事終わりで行きたくもないコンパに行って先輩を散々ヨイショして持ち上げて女の子と帰るのを見送ってから朝方に帰ってきた。
今日も1日長かったな、疲れたなって窓を開けたら、まだ夜明け前の暗い空で、星空も出てない夜空を見ていたら
「自分はだいぶ汚れちゃったんだな」

って思うときがあった。

朱に交われば赤くなるじゃないけど、そうやって一度染まってしまったら純粋な元の自分に戻れなくなるんじゃないかって思ったりして。それは絶対にイヤだなって。

だから、そのときにこの業界は向いてないんじゃないかって思ったりして、辞めようって思った。

だけど安田大サーカスは3人でやってるわけだし、「自分の心が汚れるので辞めさせてもらいます」なんて言っても絶対に団長が許してくれるわけがないし、殴られるなって。

それでなかなか言い出せずにどうしようかなって思ってるときに、形状記憶合金のことが頭に浮かんだ。

一本芯が通っていれば自分が曲がったりしてもお湯をかけたら元に戻れるんだって。

これから曲がったりすることがあっても、自分のなかの芯さえちゃんとしていたら元に戻れるんだなって思った。

やっぱり、純粋な自分が好きだから。

よく男が泣いたらかっこ悪いとか、男は死ぬまでに3回しか泣いちゃいけないとか言うけれど、僕の場合ストレスがたまったりしたら発散とかできなくて減らないから、泣いちゃうようにしている。

そしてそのときは、

まだ泣けた。ありがとう

って思う。

泣けたってことは、まだ自分は冷たい人間になっていないんだなっていう証拠だと思うし、そんな自分に「ありがとう」って思える。

悲しいときに泣けない人って、大事なモノを失くしちゃったんじゃないかなと思って可哀想だから。

泣けたことでスッキリもするしデトックスになってるのかなって。スッキリして余裕も出てきて、よし次に行こうって前向きにもなれるから。

体内から出てくるものって、やっぱり大事だと思うしんよ。

泣くことで、もっと自分を好きになることができると思うから。

僕が一番
まともな人間なんだと思う

KURO-chan talk about
PHILOSOPHY

コップが目の前のテーブルに1つあったとする。

「あ、コップだ」

って思うんだけど、そこからいろんなことを考えるクセがある。

「水入ってるのかな？　なにでできてるんだろう？　陶器かな？　どれくらいの値段がしたのかな？」

とか、1つだけの感想とか気持ちじゃなくていろんな視点で見ていたりする。

なるべく1つのモノに対していろんな感情を持ちたいなって思うし、そっちの方が得だとも思う。

自撮りなんかするときも、同じ画像を使い回しやがってとか言われるけど、自分の中では毎回気持ちの向き合い方も違うし、またいいのが撮れたなって嬉しい気持ちは毎回あるし、それが増幅してるから。

たとえ同じ角度からの自撮りでも1回1回がかけがえのない一瞬だと思ってる。

同じことしてると感度が鈍っていくっていうけど、それって僕からしてみれば、人として大事なモノを失くしていってるような気がする。

そんなのロボットと同じじゃんって。ロボットにはなりたくないしんよ〜！

いろんなモノが便利になった世の中だけど、みんななんだかロボットに近づいてきてるような気がして怖いなって思うときがある。

だから、1回1回の物事を新鮮に感じることのできる、

僕が一番まともな人間なんじゃないかって思ったりもするし。

感度が鈍っちゃうと、麻薬じゃないけど興奮材料としてドンドン強い刺激を欲しがっちゃうようになるのかなって。

僕は同じものでもちゃんと満足できるし、めちゃくちゃ満足できるからエスカレートしていくのは好きじゃないなって。

プロレスでも大技ばっかりになっちゃうと、それで満足しなくなって次は回転してみたり、その次は場外に飛ばさなくちゃいけないとかドンドンエスカレートしていくだけだからキリがないもんね。

恋愛でも同じで、たとえば、記念日的なときに「はい、これプレゼント♪」「はい、旅行に連れてくよ♪」ってやってあげてると、だんだん「どうせやってくれるんでしょ」って思うようになっちゃうんじゃないかって。

それが続いていくと、もっといいもの、もっとちがうもの、ってなっていってドンドン強い刺激を求めるだけになっちゃうから。

本来の「嬉しい」っていう気持ちが分からなくなっちゃうんじゃないかと思う。

僕の場合は、彼女がご飯を作ってくれると、1回目も2回目も3回目も同じように嬉しいし、数を重ねていくことで余計に嬉しいし、感謝の気持ちも濃くなっていくから。

やっぱりそういう気持ちを持っていないと、僕はイヤだなって思っちゃうな。

エピローグ

この本を書くにあたって、人生の、本当にいろんなことを思い出したなあって。

やっぱり、いろいろ懐かしいなって思った。

安田大サーカスを結成して間もないころ、3人で車に乗って大阪から東京に向かうことがあった。

団長の知り合いのディレクターさんに顔見せに行こうということで、お金もない僕たちは新幹線じゃなく車で500キロの道のりを走っていた。

僕は絶対に新幹線で行くものだと思っていたのに、車だと時間もかかるしHIROくんと僕で車内は狭いし、団長は顔見知りだかなんだか知らないけど僕はその人なんて知らないし、行ったからってお金ももらえるわけじゃなく、なんならこの往復のガソリン代だってみんなで割らないといけないからイヤで仕方なかった。

あれは静岡の長い高速道路だったかな。特に話すこともなくなって、静かにただ東京に向かって走ってた。

するとと団長がボソリとつぶやくようにして喋り出した。

「俺たちはもう大人なんやし、住んできた環境も違うし、友だちでグループを組んだわけでもない。そういう俺らがうまくやっていくには、仲良くする努力をするしかない。お前らにネタ考えろとか、面白いこと考えろって言ってもできひんやろうし、やらへんやろう。だから、

3人で仲良くするっていうのだけは努力してがんばっていこう」

そのときは、「いやいや、好きでもないのになんで努力しなきゃいけないんだ。キライなものはキライだし!」とか思ったりしてた。

でもこうして年月が経ってみて、仲良くやってきて良かったなと思えるようになってきた。

仲良い方がしんどくないし、ストレスも溜まらないなって。

あのとき団長がそんなことを言ってなかったら、もしかしたら仲が悪くなって解散しててもおかしくなかったし。

団長が言ってたことは、間違ってたわけじゃなかったんだなって思えるようになった。ようやくね♪

元々アイドルになりたくて芸能界に入ってきたわけで、お笑い芸人になるつもりじゃなかったけど、続けてきて良かったなと思うことはいっぱいある。

番組を見てくれた人から、あれ面白かったよって言われるとやっぱり嬉しいいし、体を張るような仕事をしてリアクション芸人として面白いって言われるのは本当に嬉しい。プロレス好きだから体を張るような分野は好きなんだと思うし。

そのためにはやっぱり体が資本だから、筋トレしたり体作りが本当に大事だと思ってる。

「肉体は精神を超える」って言うでしょ。

あれ？　逆だったかな？

面白かったって言われるのも嬉しいいし、やっぱりカワイイって言われるのも嬉しい。

アイドルになりかったわけだし、もちろんいまでもその夢は捨ててないからっ！

だからいずれはアイドル番組はやりたいなって思う。アイドルにとってプラスになることをやりたいな。

社交ダンス、ピアノ、アロマコーディネーター、それに大学のときに取った社会福祉の資格もあるし、
最終的には文化人になりたいなって思ってる。

ステータス高いし、なんかカッコいいなって思うから。

こうやって今回本を出すのもクロちゃんの**文化人としてのスタート**だしんからね〜♪

それじゃ、このへんで。ワワワワワァ〜♪

2019年9月
一匹オオカミとしての牙を研ぎながら

クロちゃん

クロちゃん

本名　黒川 明人（くろかわ あきひと）
1976年12月10日生まれ　広島県出身
血液型　A型
2001年、団長安田、HIROと共にお笑いトリオ・安田大サーカスを結成。
趣味・特技　ピアノ、社交ダンス、詩を書く、アロマ、カポエィラ　など

フォトグラファー　YAMA 山添雄彦
スタイリスト　久保田啓太（Susie Drops）
ヘア＆メイク　北原由梨

ブックデザイン　関万葉

衣装協力　ANGLASAD
協力　山口益玉、紀井英顕、岡島美月（松竹芸能）
竹井信治、山﨑博史（パルコ）
校正　聚珍社
編集　宗谷ケンジ
志摩俊太朗（パルコ）

クロか、シロか。
クロちゃんの流儀

2019年9月6日　第1刷

著者　クロちゃん
発行人　井上　肇
編集人　志摩俊太朗
発行所　株式会社パルコ　エンタテインメント事業部
〒150-0042 東京都渋谷区宇田川町15-1
電話　03-3477-5755
印刷・製本　図書印刷株式会社

ISBN978-4-86506-315-8 C0095
Printed in Japan